簡単！絶品！キャンプのつまみ料理

超速でおいしい缶詰レシピ！
焚き火で味わう丸ごと野菜！

夕飯もすませたら、焚き火を囲んで夜長を過ごす これがキャンプの醍醐味だ 酒と簡単なつまみがあればいい

缶詰やソーセージで作れる簡単なもの
キャンプで残った野菜を使ってパパッと、
ひと手間かふた手間でできるものばかり

超簡単でウマイ！キャンプのつまみレシピ

焚き火に野菜を放り込め！

- 8 まずは焚き火だ！
- 10 失敗なし！直焼き野菜！
- 12 失敗なし！ホイル焼き
- 14 失敗なし！

缶詰

- 18 オイルサーディン缶
  缶丸ごと焼き／焼きのり巻き／クリームチーズディップ
- 22 サケ缶
  サケのチーズ焼き／サケ缶おろし／サケ缶マヨ
- 26 ツナ缶
  ツナマヨ／ツナキュウリサラダ／食べるラー油ディップ
- 30 アンチョビ缶
  アンチョビのバーニャカウダ風／アンチョビフレンチ／アンチョビバター炒め

野菜

- 64 チーズ
  カニかまチーズ載せ／和風クリームチーズ／焼きカマンベール
- 66 卵・油揚げ
  ハムエッグラー油かけ／油揚げのさっと焼き／簡単温泉卵
- 68 キャベツ
  塩昆布和え／ゆでキャベツのポン酢ひたし／ゆかりキャベツ
- 70 モヤシ
  モヤシのナポリタン風／ゆでモヤシの中華風／ゆでモヤシのタイ風
- 72 キュウリ
  さっと漬け／塩昆布もみ／キュウリのたたき豆板醤味
- 74 ナス
  酢ショウガじょうゆ／ナスのミートソース／ナスの即席漬け梅和え
- 76 枝豆・ミックスナッツ
  ひたし豆風／台湾風枝豆／枝豆のおろし和え／炒りミックスナッツ
- 78 野菜アラカルト
  キノコのバター焼き／トマトとモッツァレラチーズ／大根のマリネ／水菜のさきイカ和え

34 イワシ缶
マヨネーズ焼き／ゴマまぶし／イワシの風味煮

38 サバ缶
スパイシー・サバみそ煮／タマネギスライス和え／サバ缶ディップ

42 コンビーフ缶
小さなおむすび／ジャガコンビーフ／粒マスタード焼き

46 スパム缶
スパムにぎり／ランチョンミートサラダ／スパイシーステーキ

50 ヤキトリ缶
たれ味の水菜和え／塩焼きエスニック風／親子丼風たれ焼き

54 コーン缶
香ばしウインナーコーン／バターしょうゆ／コーンクリームチーズ

58 缶詰アラカルト
アスパラガス＆黒コショウ／アスパラのハム巻き／牛肉とセロリのゴマ風味／サンマのウナギ蒲焼き風

60 ソーセージ
フィッシュハンバーグの香味焼き／魚肉ソーセージ焼き レタス巻き

62 ハム＆ベーコン
カリカリベーコン スナップエンドウ巻き／ハムポン酢

ハムチーズ卵

〆の一品

80 〆ごはん
焼きおにぎり茶漬け／ツナ茶漬け／冷や汁風シソごはん

83 〆スープ
ビーフジャーキースープ／タマネギ＆とろろ昆布スープ／トマト缶のコンソメスープ

86 便利な調味料・香辛料・薬味カタログ

90 ド定番を手軽に作ろう HOT&COLD カクテル

91 ハイボール／モスコ・ミュール／スクリュー・ドライバー／キューバ・リバー／ソル・クバーノ

92 お試し！ なんちゃってカクテル カッパサワー

93 レッド・アイ／ジン・トニック／ジン・バック／キール／カシスソーダ

お試し！ なんちゃってカクテル ブラック・ルシアン風

ホット・カルーアミルク／ホット・ワイン／ホット・カンパリ／ホット・ウイスキー・トゥデイ／ホット・バター・ド・ラム／トム・アンド・ジェリー

94 調理器具別・index

※本書は『キャンプのつまみ料理』（2010年小社刊）を一部修正・加筆したものです。

7

焚き火に野菜を放り込め!

- 🌲 豪快にそのまま焚き火に投入!
- 🌲 アルミホイルに包んで焚き火に投入!
- 🌲 これがキャンプの醍醐味だ!

> 失敗なし！
> 焚き火に野菜を放り込め！

まずは焚き火だ!

燃え盛る焚き火に、ドーンと豪快に野菜を投入！
それだけでうまいつまみができあがる。
その前に失敗なしの
焚き火テクニックを知っておこう！

薪の火おこしは意外とやっかい。でも恐れることはない。基本的な着火方法を知っていれば、誰もが焚き火マスターになれる。
まずは、焚き火台の設置場所を確保する。テントやタープから十分な距離をとって設置することはもちろん、他のサイトに迷惑にならないよう気をつけよう。それから、キャンプ場で薪を調達して、よーいスタート！

> この順番で火おこしをしよう

② 薪を組み立てる
薪を立てて隙間を空けることで、燃焼効率は上々。組み方はティピィ型がおすすめ。

① 薪を購入する
キャンプ場にはおおむね薪のストックがあるが、事前に確認しておくのがベターだ。

10

薪の組み方いろいろ

並列型
薪を一段ずつ同じ方向に重ねる方法。上部から着火して、上から下へゆっくりと燃え広がる。

ティピィ型
一気にたくさんの薪に火が回るため、急激に燃え上がる。一番火がつきやすいが、燃焼時間は短い。

インディアン型
薪を放射状に配置して、中心から着火する。じわじわ燃え広がるので、長い時間暖を取るときに最適。

井桁型
キャンプファイヤーで使う形。火柱が一気に高く上がるのが特徴で、薪を一度にたくさん使う。

耐熱レザーグローブ
軍手よりも革製のグローブがあると安心。火を扱うときに常に着用しよう。

トング
燃え盛る薪をつかむにはトングは必携。グリップ部が木製だと持ちやすい。

焚き火の必携グッズ

薪が湿ったら
水分を含んで湿った薪は、焚き火のすぐそばに置いておけば、いずれ乾いて燃えやすい薪になる。順繰りに置き、準備しておこう。

火おこしテクニック
牛乳パックにはロウが塗られているので、焚きつけに最適。写真のように切り込みを入れると、ついた炎が持続して消えにくい。

⑤

おき火もOK
全体に白い灰がかかったらおき火となる。ホイル焼きにはこれを使用する。

④
みごと着火！
大きな炎になれば火おこし成功！あとは炎の状態を見ながら薪を追加投入していこう。

③

着火する
初心者には着火剤が便利だが、写真はブロックタイプの防水・ファイヤーライターを使用。

> 失敗なし！
> 焚き火に野菜を放り込め！

直焼き野菜！

一度はやってみたい！ 焚き火で直焼きする野菜つまみ。空豆、ネギ、トウモロコシなど、いずれも皮付きの野菜を選ぼう。比較的短時間で火が通るのもうれしい！

空豆

5月になれば出回る空豆はサヤごと焼くと、甘く香ばしくなる。塩ゆでと違って中の皮もそのまま食べられる。

長ネギ

一年中手に入る長ネギだが、白い部分の多い根深ネギや下仁田ネギがおいしい。ふた皮むいて味噌をつけると最高！

トウモロコシ

夏の定番、本格的な焼きトウモロコシが楽しめる。ちょっと焦げたほうが香ばしくて、甘味が強くなりウマい。

便利な調味料

 塩   味噌

シンプルなつまみには、シンプルな調味料が一番。空豆とトウモロコシには塩をパラッとふりかけましょう。長ネギにはなんといっても味噌が合いますね。

> さあ、焼こう！

焚き火ができたら、まずはトウモロコシと空豆を投入！

トウモロコシと空豆の皮やサヤが焼けてきたら、ひっくりかえす

空豆のサヤの両面が焼けたら、長ネギを投入！

サヤが黒焦げになっても大丈夫。中の空豆がホッコリしていたらOKだ。空豆の次は長ネギ、最後にトウモロコシができあがる

失敗なし!

焚き火に野菜を放り込め!

ホイル焼き!

アルミホイルに包んで焚き火に放り込むだけでできあがり。皮付きのまま豪快に投入すれば、ワイルドな蒸し焼きが完成する。ジャガイモは少し時間がかかるので、お酒を飲んでのんびり待とう!

さあ、焼こう!

④ おき火で包み込むように蒸し焼きにする。トマト、タマネギ、ジャガイモの順にできあがる

③ アルミホイルに包んだ状態のまま、焚き火に放り込むだけでOK。ワイルドでシンプルな調理方法

② 食材となるトマト、タマネギ、ジャガイモは、3つともアルミホイルでしっかり包む

① ジャガイモは皮を剥かずにそのまま、十字に切り込みを入れておく

トマト

トマトを焼くと、素材そのままのおいしいトマトスープになる。一番早くできあがるのでトングで持ち上げて柔らかくなっていたら食べごろ。

ジャガイモ

畑のリンゴといわれるジャガイモはビタミンCが豊富。ホクホクした男爵、キタアカリなどを選ぼう。サツマイモやサトイモでもOK。

便利な調味料

コチジャン　バター

甘いタマネギには、日本でも定着した甘辛味噌のコチジャンがよく合います。ジャガイモにはもちろんバターです。トマトはそのままでも、塩を少々ふりかけてもいいでしょう。

タマネギ

蒸し焼きにすることで甘味が増すタマネギ。とくに春先の新タマネギは最高。皮をよけて中を取り出すとトローリ。コチジャンが合う。

超簡単でウマイ！
キャンプのつまみレシピ

缶を丸ごと焼く、
ソーセージを切って焼く、野菜をちぎる……
シングルバーナーひとつだけ、洗い物も最小限で、
面倒な工程いっさいなし。
ひと味加えることで格段にうまくなる、
バリエーション豊富な調味料たち。
どれも安くて簡単、手間入らずの
レシピをご紹介します。

マークで分かりやすく表示
- BURNER …… バーナー使用
- NO FIRE …… 火を使わない
- ひと手間 …… ひと手間
- ふた手間 …… ふた手間

オイルサーディン缶

平らな缶に油漬けした小型のイワシが並ぶ
オイルサーディンの缶詰は、お酒のつまみにぴったり。
おしゃれな一品を作ろう！

日本で最初の缶詰は、明治時代の初期に長崎で作られたイワシの油漬けの缶詰。このオイルサーディンは世界各国で作られているが、よく知られているのは、ノルウェー産キングオスカーの軽くスモークされた製品。

便利な調味料

タバスコ

ピリッとした刺激的な辛さがあり、世界的に「ペッパーソース」の代名詞になっています。味を引き締め、ホットな旨みをプラスするスパイシーなソースの楽しみ方はさまざま。さらに辛いハバネロソースも人気です。

グツグツ焼ける匂いがたまらない!
缶丸ごと焼き

ふた手間 | BURNER

<材料>2人分
オイルサーディン缶…1缶
ショウガ…1片
タバスコ…少々

<作り方>
1. オイルサーディン缶にショウガの千切りを載せて、そのままバーナーで焼く。
2. 缶がグツグツしてきたら好みの量のタバスコをたらす。

缶詰を火にかけるとき、油跳ねしないよう火はごくごく弱めに。調味料はタバスコのほか、しょうゆをかけてもうまい。

編集長イチオシ!

缶ママ焼きは、アウトドアにはまった青春時代の懐かしい味です。いまでももちろんナンバーワン!

ショウガを千切りにする

オイルサーディン缶のフタを開ける

缶詰

2種のタレで味に変化を!
焼きのり巻き

<材料>2人分
オイルサーディン缶…1/2缶
カイワレ菜…適量
焼きのり（約2cm幅）…数枚
ポン酢しょうゆ…適量
ナンプラー…適量
レモン汁…少量

<作り方>
1.オイルサーディン1本にカイワレ菜を添えて、約2cm幅の焼きのりで巻く。
2.ポン酢しょうゆ、ナンプラーにレモン汁を加えたタレを添える。

タレは好みで。しょうゆ、タバスコなどでもおいしい。

和えるだけでカンタン
クリームチーズディップ

<材料>2人分
オイルサーディン缶…1／2缶
クリームチーズ…適量
クラッカー…適量

<作り方>
オイルサーディンとクリームチーズをスプーンでほぐし、砕いたクラッカーを加えて和える。

> 食べるときに、しょうゆを加えてもうまい。クリームチーズは常温にして皿などに取り出し、少し置いておくと、柔らかくなって使いやすい。

サケ缶

子どもから大人まで
みんな大好きなサケ缶。
どんな調味料とも
相性のいい
水煮缶を使って、
レッツ、おつまみ！

サケ缶といえば、赤い3本線が入った「あけぼの印」が王道。この缶詰、なんと100年もの歴史があるとか。北海道道東沖の脂の乗ったカラフトマスを使った缶詰は、塩だけを加えたもの。どんな料理にも合う！

便利な調味料

マヨネーズ

マヨネーズの特長は独特の口当たりとコク。何にでもかけてしまうマヨラーがいるほど、日本人に愛されている最強の調味料です。最近では、カロリーを半分にしたものやコレステロールゼロという製品も出回っています。

加熱でサケの旨みがアップ
サケのチーズ焼き

ふた手間 / BURNER

<材料>2人分
サケ水煮缶…1缶
とろけるチーズ…
スライス1〜2枚
黒コショウ…少々

<作り方>
1.クッカーやシェラカップにサケの身を取り出し、とろけるチーズを載せる。
2.バーナーで加熱しチーズが溶けたら、黒コショウをふりかける。

> サケ缶は焼くと水分がとんで、味が凝縮して旨みも強くなる。サケとチーズの塩分で十分だが、濃いめが好きならば塩をプラスするといい。

缶詰

手でちぎったチーズを載せる

サケ缶から汁ごと身を取り出す

オーソドックスな定番の味
サケ缶おろし

ひと手間 / NO FIRE

調味料は、しょうゆだけでも、めんつゆ＋すし酢でもいい。

<材料>2人分
サケ水煮缶…半分
大根おろし…適量
ポン酢しょうゆ…大さじ1〜2
大葉…適宜

<作り方>
サケの身と骨をほぐし、大根おろし、ポン酢しょうゆで和えて、最後に大葉を散らす。

やっぱり、マヨは最強!
サケ缶マヨ

ひと手間 NO FIRE

<材料>2人分
サケ水煮缶…1缶
マヨネーズ…適量
七味唐辛子…少々

<作り方>
サケ缶から身をそのままあけて、マヨネーズと七味唐辛子をかける。

サケの缶汁をマヨネーズにからませて食べるとうまい。サケ缶マヨに七味唐辛子を黒コショウに変えるとスパイシー。薄切りにしたネギを敷くとさらにグレードアップする。

缶詰

ツナ缶

多くの食材とよく合う缶詰の代表格。つまみのお助け素材として、とても便利でそのまま使えるから、調理も簡単！

はごろもフーズの「シーチキン」でおなじみのツナ缶は、約80年前に静岡県の水産試験場で開発されたのが最初とか。ビンナガやキハダマグロ、カツオが使われ、形状は丸い形のままのブロック、細かくほぐしたフレークなどで、油漬けや水煮などがある。

便利な調味料　フレンチドレッシング

フレンチドレッシングは酸味や風味、コクなど基本の味ができているので、サラダはもちろん、料理の下味などにも使えます。メーカーによって味は多少異なりますが、しょうゆ、マヨネーズ、カラシなどを加えれば手作りの味に。

キャベツとの相性が抜群!
ツナマヨ

<材料>2人分
ツナ缶（ブロックタイプ）… 小1缶
キャベツ…2～3枚
マヨネーズ…適量
しょうゆ…少量

<作り方>
ツナにマヨネーズ、しょうゆを混ぜて、さっとゆでたキャベツと和える。

> キャベツは食べやすい大きさに切るか、手でちぎる。葉が柔らかいものは生のままでもいい。

市販の
ドレッシングを利用
ツナキュウリサラダ

<材料>2人分
ツナ缶（ブロックタイプ）…小1缶
タマネギ…少量
キュウリ…1／2本～1本
フレンチドレッシング（市販）…適量

<作り方>
缶の汁をきったツナ、タマネギとキュウリの薄切りをフレンチドレッシングで和える。

> キュウリの代わりにミニトマトの半切りを使ってもおいしく味わえる。

味の決め手は人気調味料の食べるラー油
食べるラー油ディップ

<材料>2人分
ツナ缶（フレークタイプ）…小1缶
クラッカー…適量
ニンジン、キュウリ、セロリ、大根など…適量
食べるラー油（市販品）…適量

<作り方>
1.ツナ缶の汁をきり、食べるラー油をかけて、ディップを作る。
2.ディップをクラッカーやスティック野菜につける。

野菜を切ってスティック状にする

ツナ缶の汁をきる

食べるラー油は少しずつかけながら、好みの辛さ＋味に仕上げよう。

アンチョビ缶

オイルサーディンよりも
かなり塩辛い
アンチョビの缶詰は
通好みの味わい。
隠し味的に使うのが一番!

アンチョビはカタクチイワシを熟成・発酵させた塩蔵品や熟成加工して油に漬けた製品。特有の塩味には深みがあり、コクと旨みが楽しめる。ヨーロッパでは古くから作られているが、アヲハタの缶詰は唯一の国産品。

便利な調味料 ▶ ニンニク
古代エジプト時代から薬用、香辛料として使われてきたというニンニクは香味野菜の代表格。ちょっと使うだけで、料理に香りをプラスするだけでなく、食欲もそそられます。ニオイが気になる人は無臭ニンニクを利用しましょう。

ニンニクはこんな絞り器があると便利

アンチョビ缶を開ける

アンチョビはフィレでなく、ペーストでも可。アンチョビが跳ねるのとニンニクが焦げるのを防ぐため、弱火で調理すること。

缶詰

熱いソースの風味がきいた一品
アンチョビの バーニャカウダ風

<材料>2人分
アンチョビ缶…1/3缶
オリーブ油…適量
ニンニク…1片
ニンジン、キュウリ、
セロリ、大根など…適量
フランスパン…適量

<作り方>
1.シェラカップにオリーブ油、たたいてつぶしたニンニクとアンチョビを入れる。
2.弱火で温めながら、野菜スティックやフランスパンなどにつける。

アンチョビフレンチ
アツアツのキノコにかけて！

<材料>2人分
アンチョビ…1尾
シイタケ、エリンギ、シメジなど…適量
フレンチドレッシング（市販）…適量
しょうゆ…少量
ショウガ汁…少々

<作り方>
ほぐしたアンチョビをフレンチドレッシングに混ぜ、しょうゆ、ショウガ汁をふり、網で焼いたキノコ類をつけていただく。

市販のフレンチドレッシングは、マイルドな酸味のものを使うといい。

缶詰

ニンジンやピーマン、タマネギなどを加えて洋風野菜炒めにするのもオススメ。

バターで香ばしさをプラス
アンチョビバター炒め

<材料>2人分
アンチョビ…1尾
バター…適量
キャベツ…2〜3枚

<作り方>
クッカー（またはスキレット）でアンチョビとバターを温め、ちぎったキャベツをさっと炒める。

イワシ缶

青魚の中では比較的クセが少なく、栄養価の高いイワシ。骨ごと食べられる缶詰は大いに利用したいもの！

ぷっくりとした身が入った缶詰のイワシはカルシウムやDHA、EPAなどが豊富に含まれている。魚本来のおいしさを引き出すように、基本的な味わいのしょうゆ味やショウガ煮にした味付のほか、みそ煮、梅煮などがある。

便利な調味料　白ゴマ
香りは黒ゴマのほうが高いのですが、白ゴマは脂肪分が多く、繊維も少ないので、すりゴマ向き。白すりゴマは和え物に使ったり、ドレッシングに混ぜるなど、風味を生かして、いろいろなレシピに活用できます。

とろけたマヨ味が楽しめる
イワシ缶のマヨネーズ焼き

<材料>2人分
イワシ缶（味付）…1缶
マヨネーズ…適量

<作り方>
1. イワシ缶の汁を捨て、マヨネーズをたっぷりとかける。
2. トーチなどで焦げ目がつくまで缶ごとあぶる。

焼き上がったら、黒コショウをほんの少しふりかけると味が引き締まる。

缶詰

ひと味加えて、
おいしさ倍増
ゴマまぶし

ひと手間 / NO FIRE

<材料>2人分
イワシ缶（みそ煮）…1缶
白すりゴマ…適量

<作り方>
みそだれ付きのイワシに、
白すりゴマを隙間なく全体にまぶす。

> 手間を省くなら、すりゴマをつけながら食べるのがカンタン。

ニンニクを薄切りにする

ニンニクの香りが
アクセントに！
イワシの風味煮

ふた手間 / BURNER

<材料>2人分
イワシ缶（味付）…1缶
ミニトマト…適量
ニンニク…1片
オリーブ油…適量
水…1／4カップ（約50cc）
塩・黒コショウ…少々

<作り方>
1. クッカーにオリーブ油を入れ、薄切りのニンニクを炒める。
2. イワシは缶汁ごと入れ、半分に切ったミニトマト、水、塩、黒コショウを加えて煮る。

缶詰

ニンニクの香りが立ってからイワシを入れると風味が生きる。

ミニトマトを半分に切る

サバ缶

脂がのった新鮮な
サバをいつでも
おいしく味わえる缶詰。
最近は高級品も
人気あり！

DHAを手軽に摂取できる魚の缶詰の中でも最高なのがサバ缶。秋から冬にとれる旬のサバの味を逃さず、骨まで食べられるように仕上げた水煮、みそ煮がポピュラーだが、味付（しょうゆ煮）も登場している。

便利な調味料　カレー粉

カレー粉は名前の通り、カレーに使われるスパイスを混ぜ合わせた香辛料のこと。カレールーよりも使い勝手がよく、味付けの調味料として、ちょっとふりかけるだけで、カレーの風味を楽しむことができます。

> 調味料をサラダ油＋柚子コショウに変えると、ピリリッとした和風の味になる。

ひと味違うピリ辛に！
スパイシー・サバみそ煮

ふた手間 | BURNER

<材料>2人分
サバ缶（みそ煮）…1缶
ゴマ油…大さじ1
豆板醤…小さじ1

<作り方>
1.サバのみそ煮をシェラカップなどに汁ごとあける。
2.ゴマ油に豆板醤を混ぜた調味料をかけて、バーナーで温める。

缶詰

あらかじめゴマ油と豆板醤を混ぜ合わせておく

みそ煮缶に調味料を加える

39

缶汁の旨みも味わおう
タマネギスライス和え

ひと手間 / NO FIRE

<材料>2人分
サバ缶（水煮）…1缶
タマネギ…適量
カイワレ菜…適量
しょうゆ…少量

<作り方>
サバ缶の汁はきらないで、タマネギのスライス、カイワレ菜、しょうゆを添え、食べるときに和える。

> サバの身だけでなく、缶汁の中にもDHAが含まれているから、できるだけ利用したい。

40

カレー味は相性抜群!
サバ缶ディップ

<材料>2人分
サバ缶（水煮）…1缶
カレー粉…少量
マヨネーズ…適量
野菜のスティック…適量
キャベツ…適量
クラッカー…数枚

<作り方>
1. サバ缶の汁をきり、身をほぐして、カレー粉とマヨネーズで和える。
2. 好みの野菜のスティックやクラッカーにつける。

市販のカレー粉は辛さがさまざまあるので、量は好みで調整する。

缶詰

コンビーフ缶

塩漬けにした牛肉を
ほぐしたコンビーフの缶詰は、
使い方次第でレパートリーも豊富

粒マスタード 便利な調味料
マスタード本来の芳醇な風味とまろやかな辛さを味わえる粒マスタードは、ソーセージによく合うのをはじめ、洋風料理に幅広く使えます。ピリッとした刺激のある、大人向きの味なので、おつまみを作る調味料として最適。

国産コンビーフの第1号は「ノザキのコンビーフ」で60年以上の歴史があり、肉のボリューム感と口で溶ける柔らかい食感が特長。味付けされているので、料理に使うときには、調味料も油も少なめで大丈夫。

コンビーフの味が新鮮なおいしさ
小さなおむすび

<材料>2個分
コンビーフ缶
…1／4缶
ごはん…茶碗1杯分
しょうゆ…少量

<作り方>
コンビーフをほぐして、しょうゆを少したらし、ごはんに混ぜて小さなおにぎりを作る。

> おつまみなので軽くつまめるサイズに。焼きのりで巻いて食べるのもオススメ。

> オリーブ油で炒めたあと、最後にバター少量を加えると、さらに旨みがアップする。

ドイツ風な味わい!
ジャガコンビーフ

<材料>2人分
コンビーフ缶…1缶
ジャガイモ…2個
オリーブ油…適量
コショウ…少々

<作り方>
1.ジャガイモを短冊切りにしてオリーブ油で炒める。
2.ほぐしたコンビーフを加えてさらに炒め、コショウをふる。

コンビーフを厚さ1cmほどに切る

粒マスタードを塗る

ビーフステーキのミニ版!?
粒マスタード焼き

<材料>2人分
コンビーフ缶…1缶
粒マスタード…適量

<作り方>
1. 厚さ約1cmにコンビーフを切る。
2. 表面に粒マスタードを塗って焼く。

缶詰

粒マスタードは辛くないので多めに塗るといい。両面を焼くといっそうおいしい。

スパム缶

ポーク卵やゴーヤチャンプルなど沖縄料理に欠かせないのがスパムの缶詰。多くの人に好まれる食材のひとつ！

スパムはハムに似たランチョンミートの缶詰。アメリカのホーメルフーズ社で70年以上前に開発された製品で、日本でも作られている。塩味が付いたスパムはそのまま食べてもおいしく、加熱調理するとさらに食べ方のバリエーションが広がる。

便利な調味料

黒コショウ
1500年もの歴史があるコショウは香辛料の王様。実が熟する前に摘み取り、乾燥させた黒コショウは香りも辛みも強く、油との相性もよいもの。粗挽きの黒コショウは料理の風味付けとして仕上げに欠かせない調味料です。

人気ナンバー1は、これ！
スパムにぎり

ふた手間 / NO FIRE

<材料>2個分
スパム缶（小）…1／4缶
マヨネーズ…適量
ごはん…茶碗1杯分
焼きのり…適量

<作り方>
1. 厚さ1cmに切ったスパムとマヨネーズ、ごはんを用意する。
2. 茶碗にラップを敷き、スパム、マヨネーズ、ごはんの順に重ねて包み、焼きのりで巻いてできあがり。

茶碗にラップを敷くと形がきれいに仕上がる

ラップから取り出して、のりを巻く

冷やごはんで作ったおにぎりでも、おいしくいただける。

ゴマの香りがきいている！
ランチョンミートサラダ

<材料>2人分
スパム缶（小）…1／2缶
レタス…2〜3枚
ゴマ油…適量
黒コショウ…少々
白ゴマ…少量

<作り方>
スパムをサイコロ型に切り、ちぎったレタス、ゴマ油、黒コショウ、白ゴマと混ぜ合わせる。

スパムをゴマ油で焼いてから混ぜると、香ばしさがプラスされる。

とってもジューシー!
スパイシーステーキ

<材料>2人分
スパム缶（小）…1缶
サラダ油（またはオリーブ油）
…適量
黒コショウ…適量

<作り方>
1. スパムを1cmほどの厚さに切り、油で両面を焼く。
2. 黒コショウをたっぷりふりかける。

> コショウはたっぷりがおいしい。お好みでマヨネーズを添えてもいい。

ヤキトリ缶

居酒屋の定番メニューともいえる、ヤキトリ。その缶詰を利用しておつまみを作り、我が家風の味を見つけよう！

串に刺さっているイメージが強いヤキトリの串を取り除き、1970年に缶詰として発売したのがホテイフーズ。炭火で焼いた鶏肉はほのかに香ばしく、味付けは甘くて濃厚なたれ味や、あっさりとした塩味が代表的。

便利な調味料　七味唐辛子

七味唐辛子は風味が信条の素材で作られた食品なので、開封後は早めに使い切ることが大切。和食に限らず、さまざまな料理に使え、辛みと香りの調和のとれた味わいが楽しめます。辛いものが大好きな人は一味唐辛子があると便利です。

50

缶詰

食べるときにヤキトリと水菜を和え、シャキシャキした野菜とともに味わいたい。レタスの千切りでもOK。

甘辛の味を楽しむ一品
たれ味の水菜和え

ひと手間　NO FIRE

<材料>2人分
ヤキトリ缶（たれ味）…1缶
水菜…適量
七味唐辛子…少量

<作り方>
長さ4〜5cmに切った水菜に、缶詰の汁ごとヤキトリを載せて、七味唐辛子をふる。

> めんつゆに柚子コショウを少し加えたものを和えると、和風味になる。

ナンプラーが
旨みの相乗効果
塩焼き
エスニック風

ひと手間 / NO FIRE

<材料>2人分
ヤキトリ缶（塩味）…1缶
キュウリ…1本
ナンプラー…適量
レモン汁…少量

<作り方>
キュウリをワインの空き瓶などでたたいてから適当に切り、缶の汁をきったヤキトリと混ぜて、ナンプラーとレモン汁で和える。

52

おつまみでも、ごはんでもOK
親子丼風たれ焼き

タマネギをクッカーで炒める

ヤキトリをたれごと加える

<材料>2人分
ヤキトリ缶
（たれ味）…1缶
タマネギ…適量
温泉卵…1個
七味唐辛子…少量

<作り方>
1.タマネギの薄切りを軽く炒め、ヤキトリをたれごと加えて温める。
2.温まったら温泉卵を載せて、好みで七味唐辛子をふる。

タマネギの代わりにキャベツでもいい。ごはんに載せても可。温泉卵の作り方は67ページを参照。

コーン缶

トウモロコシのフレッシュな
おいしさをそのまま
閉じ込めたコーン缶。
自然の甘みを生かそう！

便利な調味料

トマトケチャップ

トマトケチャップは洋食に欠かせない調味料。完熟トマトが使われているので、ソーセージやオムレツなどに赤いソースを添えると色どりがよくなり、食欲もそそられます。酸味があるので料理の隠し味的に使うのも一案です。

コーンの缶詰には甘みの強いスーパースイート種が使われることが多いので、無加糖でもコーン自体にさわやかな甘みがあり、自然の恵みが感じられる。おつまみにはシャキッとした歯ごたえがある粒状のホールタイプがオススメ。

トマトケチャップと
カレー味がスパイシー

香ばし
ウインナー
コーン

<材料>2人分
コーン缶…1/2～1缶
ウインナーソーセージ…数本
カレー粉…適量
トマトケチャップ…少量

<作り方>
1. 汁をきったコーンとウインナーソーセージを炒めて、カレー粉を加える。
2. 軽く炒めたあと、ケチャップを加えて味をなじませる。

> トマトケチャップを多めにするとごはんのおかずにもなる。好みで黒コショウ、しょうゆなどをひと味プラスするのもいい。

缶詰

コーンとウインナーを炒める

ウインナーを斜め切りにする

コーン缶レシピの定番
バターしょうゆ

<材料>2人分
コーン缶…1／2〜1缶
バター…適量
しょうゆ…少量

<作り方>
1.汁をきったコーンの上にバターを載せてシェラカップで温める。
2.温まったらしょうゆをたらす。

> しょうゆの代わりに黒コショウをふるのも OK。

クリームチーズは、あらかじめ常温にして柔らかくしておくと混ぜやすい。

クラッカーにディップを!
コーンクリームチーズ

＜材料＞2人分
コーン缶…1/2缶
ハム…適量
クリームチーズ…適量
黒コショウ…少々
クラッカー…数枚

＜作り方＞
1cm角に切ったハム、クリームチーズとコーンを混ぜて、好みで黒コショウをふり、クラッカーを添える。

缶詰アラカルト

野菜缶詰の中でも人気のアスパラガス缶や牛肉大和煮缶、サンマ蒲焼き缶もおつまみの食材として忘れてならない存在！

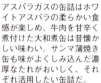

アスパラガスの缶詰はホワイトアスパラの柔らかい食感が楽しめ、牛肉を甘辛く煮付けた大和煮缶は昔懐かしい味わい。サンマ蒲焼き缶も味がよくしみ込んだ濃厚なたれがおいしく、それぞれ活用したい缶詰だ。

香辛料は多いほど、うまい！
アスパラガス＆黒コショウ

ひと手間 NO FIRE

<材料>2人分
アスパラガス缶…1／2缶
黒コショウ…適量

<作り方>
アスパラガスは汁をきってそのまま器に載せ、黒コショウをたっぷりとふりかける。

黒コショウは「ちょっと多いかな」と思うくらいがちょうどいい。

甘辛い味が香ばしく香る
サンマのウナギ蒲焼き風

<材料>2人分
サンマ蒲焼き缶…1缶
大葉…2〜3枚
ワサビ…少量

<作り方>
1. サンマの蒲焼き缶をスキレットの上に載せ、たれごとあぶる。
2. ちぎった大葉、ワサビを盛る。

缶ごとあぶった蒲焼き缶に大根おろしを載せていただくのもオススメ。

大和煮の味わいを生かして!
牛肉とセロリのゴマ風味

牛肉を器に載せ、薬味としてショウガの千切り、七味唐辛子などを添えるのもいい。

<材料>2人分
牛肉大和煮缶…1缶
セロリ…1／2本
白ゴマ…適量
塩…少々

<作り方>
薄切りにしたセロリは塩もみし、牛肉と和えて、最後に白ゴマをふりかける。

クルクル巻くだけオードブル
アスパラのハム巻き

<材料>2人分
アスパラガス缶…1／2缶
ハム…適量
マヨネーズ…適量

<作り方>
ハムでアスパラガスを包み、楊枝などでとめて、マヨネーズを添える。

ハムは生ハムを使うとゴージャス。ハムの塩分で十分な塩味になる。

便利な調味料
ワサビ

日本料理の薬味として古くから用いられてきたワサビ。鼻にツンとくる刺激的な独特の辛さは、子どもにはちょっと不向きでも、料理の風味付けをはじめ、ニオイ消し、殺菌効果など、いろいろな使い方ができるものです。

ハム&ベーコン

朝の洋食メニューとして使われるハムやベーコンは、子どもにも大人にも人気。もちろん、お酒にもよく合います！

ベーコンは油を使わずにじっくりと焦がさないように焼く。少し奮発して上質なベーコンを使ったほうがいっそう美味。

シンプルでオーソドックスな味付けのロースハム。料理にコクと旨みを加えてくれる。スモークの風味がほどよくきいたベーコンとともに手軽に使える素材だ。最近の健康志向に合わせて薄塩タイプもある。

脂のおいしさを引き出そう！
カリカリベーコン

ひと手間 / BURNER

<材料>2人分
ベーコン…4枚
黒コショウ…適量

<作り方>
ベーコンをクッカーでちりちりになるまで焼き、黒コショウをふりかける。

> そのままでも甘くてうまいが、塩やマヨネーズをつけても可。

口の中にほんのり甘さが広がる
スナップエンドウ巻き

ふた手間 / BURNER

<材料>2人分
ハム…5〜6枚
スナップエンドウ
　…適量
塩…少々
マヨネーズ…少量

<作り方>
1. スナップエンドウはさっと塩ゆでする。
2. 塩ゆでしたスナップエンドウをハムで巻く。

スナップエンドウをハムで巻く

さっぱり味の和風サラダ
ハムポン酢

ひと手間 / NO FIRE

<材料>2人分
ハム…2〜3枚
キャベツ…1〜2枚
ポン酢しょうゆ…適量
サラダ油…少量

<作り方>
キャベツ、ハムは手でちぎり、ポン酢しょうゆにサラダ油を混ぜたもので和える。

> キャベツをレタスに代えてもいい。

シェラカップでスナップエンドウをゆでる

便利な調味料
ポン酢しょうゆとすし酢

柑橘類の絞り汁にしょうゆを加えたポン酢しょうゆは酸味がほしい料理やサラダなどに簡単な味付けとして使えます。種類によって味が強いタイプもあるので、まろやかな味わいの昆布だし入りすし酢を利用するのもいいです。

ハム・チーズ・卵

ソーセージ

> 切ったハンバーグの1枚はそのまま焼いて、2枚重ねて食べるのも可。

肉や魚を使用して加工したソーセージ。
ジュワッとした肉汁がおいしい
ウインナーや人気復活の
魚肉ソーセージを主役に！

和と洋の名コンビ!
フィッシュハンバーグの香味焼き

ふた手間 / BURNER

<材料>2人分
フィッシュハンバーグ
…1／2～1本
大葉…2～4枚
練り梅…少量
焼きのり…適量
とろけるチーズ…適量

<作り方>
1. フィッシュハンバーグを厚さ約1cmに切り、大葉、練り梅、焼きのり、とろけるチーズを載せる。
2. クッカーでチーズがとろりと溶けるまで焼く。

フィッシュハンバーグの上に大葉を載せ、練り梅を塗る

さらに焼きのり、とろけるチーズを載せ、クッカーで焼く

肉の食感やジューシー感、パキッとした歯ごたえが楽しめるウインナーは粗挽きポークをはじめ、種類はいろいろ。気軽に味わえる魚肉ソーセージやフィッシュハンバーグ（魚に肉の旨みをプラス）も身近な食材。お好みで使い分けよう。

そのままでも食べられる魚肉ソーセージは、軽くサッと焼くこと。

柚子コショウで新鮮な味を!
レタス巻き

ふた手間 BURNER

＜材料＞2人分
ウインナーソーセージ
…3〜4本
レタス…1〜2枚
トマトケチャップ…適量
柚子コショウ…少量
ポン酢しょうゆ…適量

＜作り方＞
1.ウインナーソーセージを焼き、レタスで巻く。
2.ケチャップに柚子コショウを混ぜたたれ、ポン酢しょうゆに柚子コショウを混ぜたタレでいただく。

ちょっとの加熱がポイント
魚肉ソーセージ焼き

ひと手間 BURNER

＜材料＞2人分
魚肉ソーセージ
　…1/2〜1本
塩・コショウ…各少々

＜作り方＞
斜め切りにした魚肉ソーセージを焼いて、塩・コショウをふる。

びっくりするほどケチャップ＋柚子コショウが合う。ポン酢しょうゆに柚子コショウを溶かせば、和風味を楽しめる。

便利な調味料 柚子コショウ
柚子コショウはユズの皮と唐辛子に塩をブレンドして熟成させた調味料。九州では唐辛子を「コショウ」と呼ぶことから名が付いたものです。辛みが強いので少量でも料理の味にアクセントが付き、使い方次第で新しい味の発見も。

チーズ

チーズといえば、洋風おつまみの代表格。
種類豊富な中から選んで使った、
チーズのお気に入りレシピはどれ？

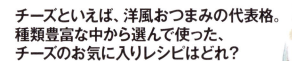

パンやピザなどに最適なとろけるタイプのチーズ、フレッシュで穏やかな風味があるクリームチーズ、コクがあってワインとよく合うカマンベールチーズと、いずれもチーズの中ではおなじみのものばかり。

黒コショウを軽く
ふってもおいしい。

トロッと溶けたときが食べごろ！
カニかま
チーズ載せ

ふた手間 | BURNER

<材料>2人分
とろけるチーズ…スライス1枚
カニ風味かまぼこ…1パック
七味唐辛子…少々

<作り方>
1. アルミホイルにカニ風味かまぼこを載せる。
2. とろけるチーズを載せてトーチで上から焼き、七味唐辛子をふる。

便利な調味料 ▶ かつおぶし

香り高いかつおぶしを使いやすいサイズに削ったパック入りは、料理のトッピングとしてさまざまな用途があります。できるだけ調理の仕上げのときなどに使うようにして、かつおぶしの風味を楽しむといいでしょう。

バーベキューで残ったウインナーや野菜などを利用するといい。

食べるときは、すべてを混ぜる。ワサビは少し多めに使うと味が引き締まる。

ワサビをきかせて!
和風クリームチーズ

ひと手間　NO FIRE

<作り方>
クリームチーズを角切りにし、ワサビ、かつおぶしを載せ、しょうゆをひとたらしする。

<材料>2人分
クリームチーズ…適量
ワサビ…少量
かつおぶし（パック入り）…1パック
しょうゆ…少々

カマンベールチーズはシェラカップにスッポリ入るので、これはグッド！　やっぱり白ワインが合うよねぇ。

編集長イチオシ!

柔らかチーズフォンデュ風
焼きカマンベール

ふた手間　BURNER

<作り方>
1.カマンベールチーズの上面の固いところを取り、シェラカップに丸のまま入れる。
2.チーズがトロリとしたら、ミニトマト、バゲットなどにつける。

<材料>2人分
カマンベールチーズ…1個
ミニトマト…適量
バゲット（フランスパン）…適量

カマンベールチーズの上の部分を丸くそぐ

チーズの中がトロリとしてきたら食べごろ

卵・油揚げ

大切なタンパク源として素早くとれる
うれしい食材の卵や油揚げは
お値段も安価で、利用価値は大！

1日に1個食べると健康になれるといわれている卵。アウトドアを楽しむときにぜひ持っていきたいもの。油揚げも、ちょっと1品ほしいとき、簡単に使えるスグレモノ。スーパーでも京揚げや新潟県栃尾の油揚げなど、種類も豊富に出回っている。

さらにごはんに載せて、ハムエッグ丼にしても可。もちろんベーコンもOK。

表面をぱりっと香ばしく！
油揚げのさっと焼き

<材料>2人分
油揚げ…1枚
かつおぶし
（パック入り）…適量
ショウガ…1片
しょうゆ…少量

<作り方>
1.6等分に切った油揚げの両面を網で軽く焼く。
2.かつおぶしと千切りショウガを盛り、しょうゆをかける。

うま辛の味は保証付き
ハムエッグラー油かけ

<材料>1人分
卵…1個
ハム…1〜2枚
食べるラー油…少量

<作り方>
1.ハムエッグをクッカーで作る。
2.上から食べるラー油をかける。

66

自家製だから、うまさ満点
簡単温泉卵

<材料>1人分
卵…1個
めんつゆ…少量
青のり…少々

<作り方>
1.熱湯を入れたボトルに卵を静かに入れ、そのまま13分～15分ほどおく。
2.殻を割ったら、薄めためんつゆをかけ、青のりを散らす。

熱湯につける時間は常温の卵1個分。クーラーボックスに入れたままの卵なら15分～20分程度おくとよい。

ボトルに熱湯をそそぐ

静かに卵をボトルに入れて、きっちりふたをする

栃尾の油揚げや厚揚げを使ってもOK。この場合は油揚げより少し焼き時間が必要。

便利な調味料 食べるラー油

一般の辛いラー油とはまったく違い、食べるラー油はニンニクの香ばしさやタマネギ、ゴマ油などが絶妙なバランスで作られた完成品。白いごはんに載せて味わうのが王道ですが、調理料として利用すれば味に広がりができます。

ハム・チーズ・卵

キャベツ

手間をかけなくてもおいしくいただける
キャベツの和え物やおひたしは、
すぐにできあがる超簡単メニュー！

いまや、人気の組み合わせ
塩昆布和え

＜材料＞2人分
キャベツ…2〜3枚
塩昆布…適量
ゴマ油…適量

＜作り方＞
手でちぎったキャベツを塩昆布、ゴマ油でさっと和える。

> キャベツに塩昆布を載せながら食べるだけでもうまい。

ゆでたり焼いたりするなら、巻きがしっかりとして重量感のあるキャベツが向き、葉が柔らかい春キャベツは生のまま食べるのがオススメ。季節によって、調理の仕方をひと工夫すると、より味わい深くなる。

便利な調味料　**塩昆布**

昆布の旨み、しょうゆの風味、砂糖の甘み、塩味のバランスがよく、マイルドな味わいの塩昆布は、これを加えるだけで料理の味付けができあがるという、まさにお助け調味料。いろいろな素材との相性もバッチリ。

熱いうちに召し上がれ
ゆでキャベツのポン酢ひたし

<材料>2人分
キャベツ…2〜3枚
ポン酢しょうゆ…適量
白ゴマ…少量

<作り方>
1. キャベツを大きめのざく切りにしてさっとゆでる。
2. ゆで上がったら器に入れポン酢しょうゆをかけて白ゴマをふる。キャベツが熱いうちに食べる。

調味料は、ポン酢しょうゆのほか、めんつゆをかけてもいい。

キャベツを手でちぎるか、大きめに切る

キャベツは青みが際立ってきたらOK

編集長イチオシ！
キャベツは、春キャベツの甘いのが一番スキ！ 生のまま、味噌つけて食べるのもいいね。

少量の練り梅でキャベツをざっくりと和えてもいい。

野菜

赤シソのふりかけが香る
ゆかりキャベツ

<材料>2人分
キャベツ…2〜3枚
ゆかり…適量

<作り方>
手でちぎったキャベツにゆかりをふりかけ、さっと手で混ぜる。

モヤシ

モヤシは低カロリーで
ヘルシーな食品。
ゆでたり炒めたりするときは、
短い時間で仕上げるのが
おいしさの秘訣！

> 炒めるときはシャキシャキ感を残すように。ゆでたモヤシにナポリタンソースをかける一品も一緒に作りたい。

スパゲティよりも
軽い味
モヤシの
ナポリタン風

ふた手間 / BURNER

<材料>2人分
モヤシ…1／2袋
ナポリタンソース
（市販のレトルト）…適量
サラダ油…適量

<作り方>
1.モヤシを油で炒める。
2.温めたナポリタンソースをかける。

トマトをベースに野菜や調味料、香辛料などが入ったナポリタンソースは、温めるだけで料理に使える便利なレトルト品。

便利な調味料
ナンプラー
タイのナンプラーは秋田のしょっつる、能登のいしるなどと同じ魚醤で、魚を塩とともに漬け込んで発酵させた独特の調味料。ベトナムではニョクマムと呼ばれ、エスニック料理にはポピュラーに使われています。

スパイシーなナムル
ゆでモヤシの中華風

<材料>2人分
モヤシ…1、2袋
豆板醤…少量
ゴマ油…適量
酢…適量

<作り方>
ゆでたモヤシと豆板醤、ゴマ油、酢を混ぜ合わせる。

> ゆでたモヤシに、しょうゆ＋すし酢、ラー油など、好みの調味料で和えるのもいい。冷やして食べるのも OK。

韓国料理のナムルに欠かせない具材のモヤシは和洋中華など、いろいろな料理法があるが、淡白な味なので加える調味料によって味の変化も楽しめる。ただし、鮮度が落ちやすいため、できるだけ早く使いきること。

エスニック風味のナムル
ゆでモヤシのタイ風

<材料>2人分
モヤシ…1、2袋
ナンプラー…適量

<作り方>
モヤシをゆで、ナンプラーをかけて、さっと和えるだけ。

> 人数が多いときには中華風とともに2種類のナムルを作り、味比べを。

野菜

71

キュウリ

鮮度のいいキュウリは
鮮やかな緑色。
そのままかぶりついても良し！
手を加えるときは
「少しだけ」が基本。

「胡瓜」と書くキュウリは、6世紀頃に中国から渡来したものといわれる。みずみずしい香りとパリッとした歯切れのよさが信条。表面の「いぼ」がチクチクするものほど新鮮なので、選ぶときの参考に。

もみ込んだあと、少し置くと水分が出てくるので、水をきったほうがうまい。

野菜の香りが楽しめる
さっと漬け

ひと手間 / NO FIRE

<材料>2人分
キュウリ…1本
大葉…2〜3枚
ミョウガ…1〜2本
塩…ひとつまみ

<作り方>
ジッパー付きの袋に小口切りのキュウリを入れ、塩、手でちぎった大葉、薄切りのミョウガと一緒にもむ。

浅漬けのバリエーション
塩昆布もみ

ひと手間 / NO FIRE

<材料>2人分
キュウリ…1本
塩昆布…少量

<作り方>
キュウリを斜め切りにしたあと、太めの千切りにして、塩昆布を加えてもみ込む。

味をなじませるため、袋ごと手でよくもみ込むこと。材料は冷たくしておくといい。

72

豆板醤は好みで量を加減すること。辛みと酸味がきいて暑い時期のつまみに最適。

辛みと酸味が絶妙!
キュウリのたたき豆板醤味

ふた手間 / NO FIRE

<材料>2人分
キュウリ…1本
すし酢(昆布だし入り)…適量
豆板醤…少量
ゴマ油…適量

<作り方>
1.キュウリをジッパー付きの袋に入れ、ワインの空き瓶などでたたいて適当に割る。
2.すし酢に豆板醤、ゴマ油を混ぜたものを回しかけ、混ぜ合わせる。

キュウリをジッパー付きの袋に入れ、たたく

袋の中に調味料を加え、材料を混ぜ合わせる

便利な調味料 **豆板醤**

豆板醤は唐辛子に空豆、塩などを混ぜて作られた辛み調味料。中国では唐辛子を入れずに空豆だけで作ったものを豆板醤と呼ぶとか。加熱するとさらに香りと辛さが増しますが、豆板醤を炒めるときは焦げやすいので注意を。

キュウリは乱切りでも可。好みでミョウガなどを加えてもいい。

酸味がさわやか!
梅和え

ひと手間 / NO FIRE

<材料>2人分
キュウリ…1本
練り梅…適量
かつおぶし
(パック入り)
…1パック

<作り方>
薄切りにしたキュウリを練り梅で和え、かつおぶしをふりかける。

野菜

ナス

野菜の中でも
ツヤツヤとした光沢がある
ナスは、夏場には
特に甘みが増すので
シンプルな料理が最高！

奈良時代から日本で栽培されているナス。独特の紫から「ナス紺」という色を表す言葉が生まれた。一般的なのは卵形ナス、長ナスなどで、特に油との相性がよい。加熱調理しないときは塩でもみ、アク抜きすること。

ミートソースは市販のレトルトが便利。余ったトマトソースでもいい。

仕上がりはグラタン風
ナスのミートソース

<材料>2人分
ナス…1～2本
ミートソース（市販のレトルト）…適量
とろけるチーズ…スライス1枚
サラダ油…適量

<作り方>
1.ナスの輪切りをクッカーに載せ、油で焼く。
2.温めたミートソースをかけ、とろけるチーズを載せて、さらに焼く。

焼きナスのさっぱりつけ汁
酢ショウガじょうゆ

<材料>2人分
ナス…1～2本
ショウガのすりおろし…1片
酢…適量
しょうゆ…適量
サラダ油…適量

<作り方>
1.薄切りのナスを油で焼く。
2.酢、おろしショウガ、しょうゆを混ぜたものを添える。

しょうゆ＋酢＋ショウガの替わりに、しょうゆ＋マヨネーズ、しょうゆ＋練りからしで食べるのもいい。

ヘタにトゲがついているとき、刺さったりするので注意。

ナスはヘタをつけたまま、八つ切りにする

切り込み部分に塩をふって手でもむ

ビールによく合う漬け物
ナスの即席漬け

<材料>2人分
ナス…1～2本
塩…少量
しょうゆ…少量
七味唐辛子…少量

<作り方>
1.ナスはヘタをつけたまま、身に切り込みを入れ、塩をふって手でもむ。
2.アクを水で流して軽く手で絞り、しょうゆ、七味唐辛子をかける。

便利な調味料　塩

たとえば、天然ミネラルを多く含む宮古島の「雪塩」のように、最近はおいしい塩がいろいろとあります。基本調味料としては食塩を用い、塩味を楽しみたいときには、自分の舌で確かめてから好みのものを選びましょう。

枝豆・ミックスナッツ

枝豆とミックスナッツはおつまみの定番。
そのままでもおいしい素材を
ここでは、ちょっと料理にアレンジ！

豆の味を
汁になじませて！
ひたし豆風

<材料>2人分
ゆでた枝豆…適量
めんつゆ…適量

<作り方>
枝豆をサヤから取り出して、めんつゆにつけるだけ。

皮に味がしみて香ばしい一品。黒コショウを多めにふりかけるとうまい。

余った枝豆があったら、ぜひ！ スプーンでつゆごとワシッと食べるとうまい。枝豆はつけてから少し置いておくとより味がなじむ。

一度は試したい味！
台湾風枝豆

<材料>2人分
ゆでた枝豆…適量
ゴマ油…適量
塩…少々
黒コショウ…少量

<作り方>
サヤ付きの枝豆に、ゴマ油、塩、黒コショウを混ぜる。

便利な調味料 ゴマ油

ゴマを香ばしく焙煎してしぼった香り高いゴマ油は、中華料理はもちろん、和食や揚げ物など幅広く活躍する調味料。料理の仕上げに用いると、ゴマ油特有の風味がプラスされ、ワンランク上の味になります。

枝豆の塩ゆではビールのつまみとして大人気。大豆にはアルコールの分解を助ける作用があるので理にかなった食べ方とか。ミックスナッツはカシューナッツ、アーモンド、クルミなど数種類の味が一度に楽しめる。

ゴマを炒るような感じで、から炒りすること。炒りすぎると焦げるので注意を。

目と舌で涼を味わう
枝豆のおろし和え

ふた手間 NO FIRE

<材料>2人分
ゆでた枝豆…適量
大根おろし…適量
酢…適量
昆布茶（粉末）…少量

<作り方>
1.サヤから取り出した枝豆と大根おろしを和える。
2.酢と昆布茶を合わせた調味料をさっとかける。

加熱すると、カリッカリ
炒りミックスナッツ

ひと手間 BURNER

<材料>2人分
ミックスナッツ…適量
黒コショウ…少量

<作り方>
ミックスナッツをクッカーでから炒りし、黒コショウをふりかける。

大根おろしの汁はあまりきらずに利用すること。調味料はすし酢でも可。

野菜アラカルト

キノコやミニトマト、大根、水菜……。
いろいろな野菜があると
レパートリーはさらに広がる！

シイタケやシメジ、エノキ、エリンギなどのキノコ類をはじめ、ミニトマト、大根、水菜はいずれも簡単調理にうってつけの素材だから、うまくつまみ料理に活用しよう。

風味が引き立つ一品
キノコのバター焼き

ふた手間 BURNER

<材料>2人分
シイタケ、シメジ、エノキ、エリンギなど…適量
バター…適量
しょうゆ…少量

<作り方>
1.食べやすい大きさに切ったキノコ、バターをクッカーに載せて焼く。
2.仕上げにしょうゆをかける。

しょうゆをかけると、香ばしさがプラスされる。バターは多めに使ったほうがうまい。

プチサイズが可愛らしい
トマトとモッツァレラチーズ

ひと手間 NO FIRE

<材料>2人分
ミニトマト…適量
モッツァレラチーズ（1口サイズ）…1袋
塩・コショウ…各少々
オリーブ油…適量

<作り方>
ヘタの部分を切ったミニトマトとモッツァレラチーズを串に刺し、塩、コショウをふり、オリーブ油をかける。

交互に並べて見た目を美しく!
大根のマリネ

ひと手間 | NO FIRE

<材料>2人分
大根（細いほうの部分）
…適量
レモン…1個
オリーブ油…適量
塩…少量

<作り方>
皿に大根とレモンの薄切りを交互に盛り、オリーブ油と塩をふりかける。

> 大根はレモンの大きさに合わせた部分を使ってスライスする。

> 水菜とさきイカをもむように和えると、味がなじんで美味。

味をなじませるのがコツ
水菜のさきイカ和え

ひと手間 | NO FIRE

<材料>2人分
水菜…適量
さきイカ（市販）…適量

<作り方>
水菜とさきイカをそれぞれ約4cmの長さに切り、和えるだけ。

> 普通サイズのトマトとモッツァレラチーズをスライスして交互に重ねてもOK。

便利な調味料　オリーブ油

ヨーロッパの地中海沿岸地方でよく使われるオリーブ油は健康にいいことで知られ、利用者も増えています。特に生食向きのエキストラ・バージン・オイルは、フルーティな香りとフレッシュな味わいを楽しめます。

野菜

〆ごはん

お酒をゆっくりと
楽しんだあとに
やっぱり食べたい
〆ごはん。
そんなときに
オススメのレシピ!

便利な調味料
めんつゆ
コンソメ

めんつゆは手間をかけずに味付けができるので、しょうゆ代わりに使うなど人気が高まっている調味料。コンソメは固形・顆粒とありますが、さっぱりしたチキンコンソメを使うといいでしょう。

便利な調味料
昆布茶
ゆかり

顆粒や粉末状に仕上げられた昆布茶はふりかけたり、お湯で溶いてだし汁にするのに最高! 三島食品の「ゆかり」には色と香りに優れた赤シソが使用され、さわやかな酸味がごはんや料理をおいしく仕上げます。いずれも風味のある調味料として利用を。

80

こんがり焼けたら、頃合い
焼きおにぎり茶漬け

<材料>1人分
ごはん…茶碗1杯分
かつおぶし（パック入り）
…少量
しょうゆ…適量
ほうじ茶…適量
揚げ玉…少量

<作り方>
1.ごはんとかつおぶし、しょうゆを混ぜておにぎりを作る。
2.クッキングシートに載せて片面3～4分ずつ焼いたらできあがり。
3.お茶漬けにする場合は、茶碗に入れてほうじ茶をかける。

〆の一品

焼きおにぎりのまま食べてもいい。お茶漬けに揚げ玉を載せるとコクがプラスされる。

ごはんとかつおぶし、しょうゆを混ぜる

クッカーにクッキングシートを敷いておにぎりを焼く

熱いだし汁をかけて!
ツナ茶漬け

ひと手間 | BURNER

<材料>1人分
ごはん…茶碗1杯分
ツナ缶…適量
カイワレ菜…少量
めんつゆ…適量

<作り方>
ごはんに缶の汁をきったツナを載せ、カイワレ菜を散らし、めんつゆで調味した熱いだし汁をかける。

> カイワレ菜の代わりに大葉の千切りなどを加えてもいい。

サラサラと、イケる味
冷や汁風シソごはん

ひと手間 | NO FIRE

<材料>1人分
ごはん…茶碗1杯分
ゆかり…少量
大葉・ミョウガ・ショウガの千切り…適量
昆布茶…少量

<作り方>
ごはんにゆかりと大葉、ミョウガ、ショウガを載せ、昆布茶と氷入りの冷たい水を注ぐ。

> 涼しいときには、熱い湯をかけて食べるのもおいしい。

〆スープ

夜も深まって
そろそろお開きの時間。
口直しとして
軽く飲みたいときに
〆スープはいかが?

〆の一品

煮込むほど、
旨みがアップ
ビーフ
ジャーキー
スープ

ひと手間 | BURNER

<材料>2人分
ビーフジャーキー…適量
塩・コショウ…少々

<作り方>
細かく裂いたビーフジャーキーに湯を注ぎ、少し煮込む。ビーフジャーキーの種類により、塩・コショウで味を加減する。

フレッシュなローズマリーの葉を浮かべると、より風味が増す。

具材がだしの素に!
タマネギ&とろろ昆布スープ

<材料>2人分
タマネギ…適量
とろろ昆布…適量
かつおぶし
（パック入り）…少量
めんつゆ…適量

<作り方>
1.タマネギの薄切りにとろろ昆布とかつおぶしを載せる。
2.めんつゆをかけて、熱湯を注ぐ。

めんつゆの代わりに少量のしょうゆをかけてもいい。

実も入って味は濃厚
トマト缶の コンソメスープ

<材料>2人分
トマト缶（ダイス型）
…1/2缶
水…トマト缶の約2倍量
コンソメ…少量
コショウ…少量

<作り方>
トマト缶を鍋に入れて、水、コンソメを加えて温め、仕上げにコショウを多めにふる。

スープの味は水の分量で調節すること。コンソメは顆粒または固形タイプのくだいたものを。

便利な 調味料・香辛料・薬味 カタログ

シンプルで簡単なつまみだけに、素材をいかす調味料にはこだわりたい。キャンプに出かける前にチェックしよう。

めんつゆ
濃縮なしのものや2倍や3倍濃縮の種類がある

塩
沖縄の塩などさまざまな塩が出回っている

七味唐辛子
辛いのがすきなら一味などお好みで

味噌
だし入りの小さなパックが手軽

ポン酢・すし酢
ポン酢は昆布だし入りのものもありマイルド

ワサビ
殺菌効果があるので、魚料理に最適

黒コショウ
パウダー状より粗挽きのほうが風味がある

柚子コショウ
ヤキトリやソーセージなどの肉料理に合う

粒マスタード
まろやかな辛さで、たっぷり使ってもOK

豆板醤
加熱すると香りと辛さのパンチが効く

食べるラー油
人気急上昇の調味料。ごはんにかけてもいい

コチジャン
甘辛い唐辛子味噌は野菜でも肉でも万能調味料

ナンプラー
今やエスニック料理には欠かせない調味料

タバスコ
ピザに使うだけでなく洋風料理の辛味に

バター
有塩バターならこれだけで味の決め手に

オリーブ油
生食にはエキストラ・バージン・オイルを

ゴマ油
特有の風味で素材の味を引き立てる

便利な 調味料 香辛料 薬味 カタログ

国民的調味料のマヨネーズはもちろん必携！なにかと便利な薬味や加工品を持っていくとつまみのレパートリーが広がる。

トマトケチャップ
隠し味に使うと力を発揮するおなじみの味

マヨネーズ
子どもから大人まで大好きな最強調味料

白ゴマ
煎りゴマ・すりゴマを使い分けよう

カレー粉
各メーカーで微妙にスパイスの配合が違う

フレンチドレッシング
多様な種類があるので、好みの味をチョイス

ネギ
そのままでも、刻んでも、薬味の必需品

ショウガ
すりおろせば本格ジンジャーエールにも

ニンニク
香味野菜の代表格で食欲も増進

ミョウガ
日本独自の香味野菜はシャキシャキ感が絶妙

大葉
ちょっと加えるだけでグレードアップ

かつおぶし
和のトッピングやアクセントに最強

青のり
BBQの定番・焼きそば以外にも使用価値大

塩昆布
生野菜との相性がよく即席漬けにもバッチリ

とろろ昆布
スープやお茶漬けに欠かせない優れもの

昆布茶
これだけでだしのかわりになる重宝な一品

ゆかり
少量使うだけでさわやかな酸味が広がる

練り梅
かつおぶしやしそ、昆布入りのものが使いやすい

ド定番を
手軽に作ろう

HOT &
COLD
カクテル

キャンプの夜は、お決まりの焚き火飲み！
焚き火を囲んでゆっくりと味わうお酒は最高です。
ビール、日本酒、焼酎、ウイスキー、ワイン……
もちろんそのままでもいいけれど、ひと手間加えれば、
焚き火の宴はさらにいっそう盛り上がります。
夏は冷え冷えで、冬はホットで、
定番カクテルを手軽に作りましょう。

> 夏は冷え冷えで！

簡単！手軽に作れる定番カクテル

モスコ・ミュール

意味は「モスクワのラバ」という、ウオツカの定番カクテル。ウオツカとジンジャーエールの割合は1：3～4。

＜材料＞
ウオツカ
ジンジャーエール
ライム

＜作り方＞
氷を入れたグラスにウオツカを入れ、冷たいジンジャーエールを加えて軽くかき混ぜる。最後にライムをしぼって出来上がり。

ハイボール

ウイスキーのソーダ割のこと。文字通りの定番カクテルだが、爆発的に人気上昇中。ウイスキーとソーダの割合は1：4。

＜材料＞
スコッチウイスキー
ソーダ
レモンの輪切り

＜作り方＞
氷を入れたグラスにウイスキーを注ぎ、十分にかき混ぜる。溶けた分の氷を足して冷えたソーダを注ぎ、軽くかき混ぜる。

キューバ・リバー

1902年のキューバ独立戦争の際に生まれたカクテルの英語名。ラムにコーラをたまたま落としたらうまかったという。割合は1：4。

＜材料＞
ホワイトラム
コーラ
ライム

＜作り方＞
グラスにライムをしぼり、そのままグラスに落とす。氷とラムを入れ、コーラを注ぐ。

スクリュー・ドライバー

ウオツカとオレンジジュースをねじ回してかき混ぜて飲んだところから、この名がついたというカクテル。割合は1：4。

＜材料＞
ウオツカ
オレンジジュース

＜作り方＞
氷を入れたグラスにウオツカとオレンジジュースを注ぎ、軽くかき混ぜる。グレープフルーツジュースに変えればブルドッグになる。

ソル・クバーノ

「キューバの太陽」を意味する爽快なカクテル。ラムとグレープフルーツジュースとトニックウォーターの割合は1：2：2。

＜材料＞
ホワイトラム
グレープフルーツジュース
トニックウォーター（ソーダ）

＜作り方＞
氷を入れたグラスに、ホワイトラムとグレープフルーツジュースを注ぎ、冷たいトニックウォーターを加え軽く混ぜる。

> お試し！ なんちゃってカクテル

カッパサワー

残ったキュウリをかじりながら一杯。さっぱりした口当たりがおいしい。なぜかメロンの味がするって本当!?

＜材料＞
焼酎（甲類）
キュウリ
ソーダ

＜作り方＞
グラスに氷を2～3個入れ、焼酎とソーダを1：2の割合で注ぎ、薄くスライスしたキュウリを入れて軽くかき混ぜる。

ジン・トニック

ジンをベースにしたカクテルの中で、最もポピュラーなのがこれ。ジンとトニックウォーターの割合は1：4。

<材料>
ドライジン
トニックウォーター
ライム（レモン）

<作り方>
氷を入れたグラスにジンとトニックウォーターを注ぎ、軽くかき混ぜる。ライムかレモンを飾る。

レッド・アイ

「レッド・アイ」とは、二日酔いのときの赤くなった目のこと。ビールとトマトジュースとの組み合わせは飲み心地がいい。割合は1：1。

<材料>
ビール
トマトジュース

<作り方>
冷えたビールとトマトジュースをグラスに注ぎ、軽くかき混ぜる。塩、コショウ、タバスコなどで味を調えてもいい。

キール

本来は食前酒だが、ワインベースのカクテルとして、人気ナンバーワンを誇る。カシスリキュールと白ワインの割合は1：4。

<材料>
カシスリキュール
白ワイン

<作り方>
十分に冷やしたカシスリキュールと白ワインをグラスに注ぎ、軽くかき混ぜる。白ワインをシャンパンに変えるとさわやかな味わいに。

ジン・バック

別名「ロンドン・バック」。バックとは雄馬を意味し、パンチの効いたカクテル。ジンとジンジャーエールの割合は1：5。

<材料>
ドライジン
ジンジャーエール
レモン（レモンジュース）

<作り方>
氷を入れたグラスにジンとジンジャーエールを注ぎ、軽くかき混ぜる。レモンを飾るかレモンジュースを少量加える。

お試し！ なんちゃってカクテル
ブラック・ルシアン風

本来はコーヒーリキュールを使うが、缶コーヒーを使って作るお手軽「ブラックルシアン」。けっこういける。

<材料>
ウオツカ
缶コーヒー

<作り方>
氷を入れたグラスにウオツカと缶コーヒーを注ぎ、軽くかき混ぜる。缶コーヒーの種類はいろいろあるが、少し甘めのものがオススメ！

カシスソーダ

女性に人気のカクテル。アルコール度数も控えめなので、お酒に弱い人でも大丈夫。カシスリキュールとソーダの割合は1：5。

<材料>
カシスリキュール
ソーダ
レモン

<作り方>
氷を入れたグラスにカシスリキュールとソーダを注ぎ、軽くかき混ぜる。お好みでレモンを飾っても可。フルーティな香りで飲む人を選ばない。

> 冬は熱々ホットで！

簡単！手軽に作れる定番カクテル

ホット・ワイン

ヨーロッパではグリューワインと呼ばれ、クリスマスにかかせない飲み物。最近では、日本でもおなじみになってきた。

<材料>
赤ワイン、ハチミツ
砂糖、シナモンスティック
レモン（またはオレンジ）

<作り方>
赤ワインを温めて軽くアルコールを飛ばし、ハチミツや砂糖で味を調えて、ふたたびひと煮立ちさせる。レモンやシナモンスティックを添えると本格的。

ホット・カルーアミルク

ホットでも人気のカクテルがカルーアミルク。コーヒーリキュールと牛乳の割合は1：3～4くらいがオススメ。

<材料>
コーヒーリキュール
牛乳

<作り方>
温めた牛乳にコーヒーリキュールを注いで作る定番カクテル。軽くかき混ぜれば、アッという間に完成！

ホット・ウイスキー・トゥデイ

秋の夜長にオススメしたい。クローブの薬用効果がじんわりと効き、体の芯まで温まる。ベースがジンならジン・トゥデイになる。

<材料>
スコッチウイスキー
砂糖、熱湯
クローブ2～3粒
レモン

<作り方>
温めておいたグラスに砂糖を入れ、少量の熱湯に溶かす。ウイスキーを注ぎ、熱湯を追加して軽く混ぜる。クローブを浮かべレモンを飾る。

ホット・カンパリ

就寝前のナイトキャップに最適なカクテル。カンパリのほのかな苦味とハチミツの甘さが絶妙。お湯の量は好みで調整する。

<材料>
カンパリ
熱湯
ハチミツ
レモン

<作り方>
温めておいたグラスにカンパリとハチミツを入れ、熱湯を注ぐ。レモンを飾って軽く混ぜれば出来上がり。

トム・アンド・ジェリー

有名なクリスマスのドリンク。風邪をひいたときに飲むので、海外版卵酒といったところか。ダークラムとブランデーの割合は1：1。

<材料>
ダークラム
ブランデー
熱湯
卵
砂糖

<作り方>
卵黄に砂糖を加えてツヤが出るまで泡立て、別に泡立てた卵白と混ぜる。ダークラムとブランデー、熱湯を注ぎ軽く混ぜる。

ホット・バター・ド・ラム

溶けたバターとダークラムの香りがよく、コクのある大人のカクテル。冬の寒い夜にはうってつけ。体が芯から温まる。

<材料>
ダークラム
砂糖
熱湯
バター
シナモンスティック

<作り方>
ダークラムをグラスに注いで、砂糖を入れる。熱湯を7分目まで入れて、バターを浮かべる。添えたシナモンスティックでバターを混ぜ合わせて飲もう。

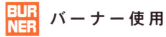 バーナー使用

シェラカップ

＜缶詰＞
アンチョビのバーニャカウダ風 …………… 31
スパイシー・サバみそ煮 …………… 39
コーンのバターしょうゆ …………… 56

＜ハム・チーズ・卵＞
焼きカマンベール …………… 65

＜〆の一品＞
ビーフジャーキースープ …………… 83
タマネギ＆とろろ昆布スープ …………… 84
トマト缶のコンソメスープ …………… 85

鍋・コッヘル

＜缶詰＞
ツナマヨ …………… 27

＜ハム・チーズ・卵＞
ハムのスナップエンドウ巻き …………… 61
簡単温泉卵 …………… 67

＜野菜＞
ゆでキャベツのポン酢ひたし …………… 69
モヤシのナポリタン風 …………… 70
ゆでモヤシの中華風 …………… 71
ゆでモヤシのタイ風 …………… 71

その他

＜缶詰＞
オイルサーディン缶丸ごと焼き …………… 19
アンチョビフレンチ …………… 32
イワシ缶のマヨネーズ焼き …………… 35

＜ハム・チーズ・卵＞
カニかまチーズ載せ …………… 64
油揚げのさっと焼き …………… 66

＜〆の一品＞
ツナ茶漬け …………… 82

ちびパン・ミニスキレット

＜缶詰＞
サケのチーズ焼き …………… 23
アンチョビバター炒め …………… 33
イワシの風味煮 …………… 36
ジャガコンビーフ …………… 44
コンビーフの粒マスタード焼き …………… 45
スパムのスパイシーステーキ …………… 49
ヤキトリ缶の親子丼風たれ焼き …………… 53
香ばしウインナーコーン …………… 55
サンマのウナギ蒲焼き風 …………… 59

＜ハム・チーズ・卵＞
カリカリベーコン …………… 60
フィッシュハンバーグの香味焼き …………… 62
魚肉ソーセージ焼き …………… 63
魚肉ソーセージのレタス巻き …………… 63
ハムエッグラー油かけ …………… 66

＜野菜＞
ナスの酢ショウガじょうゆ …………… 74
ナスのミートソース …………… 74
炒りミックスナッツ …………… 77
キノコのバター焼き …………… 78

＜〆の一品＞
焼きおにぎり茶漬け …………… 81

94

NO FIRE 火を使わない

＜野菜＞
キャベツの塩昆布和え ……………… 69
ゆかりキャベツ …………… 68
キュウリのさっと漬け …………… 72
キュウリの塩昆布もみ …………… 72
キュウリのたたき豆板醤味 …………… 73
キュウリの梅和え …………… 73
ナスの即席漬け …………… 75
枝豆のひたし豆風 …………… 76
台湾風枝豆 …………… 76
枝豆のおろし和え …………… 77
トマトとモッツァレラチーズ …………… 78
大根のマリネ …………… 79
水菜のさきイカ和え …………… 79

＜〆の一品＞
冷や汁風シソごはん …………… 82

＜缶詰＞
オイルサーディン焼きのり巻き …………… 20
オイルサーディンクリームチーズディップ …………… 21
サケ缶おろし …………… 24
サケ缶マヨ …………… 25
ツナキュウリサラダ …………… 28
ツナの食べるラー油ディップ …………… 29
イワシ缶のゴマまぶし …………… 36
サバ缶のタマネギスライス和え …………… 40
サバ缶ディップ …………… 41
コンビーフの小さなおむすび …………… 43
スパムにぎり …………… 47
ランチョンミートサラダ …………… 48
ヤキトリ缶たれ味の水菜和え …………… 51
ヤキトリ缶の塩焼きエスニック風 …………… 52
コーンクリームチーズ …………… 57
アスパラガス＆黒コショウ …………… 58
牛肉とセロリのゴマ風味 …………… 59
アスパラのハム巻き …………… 59

＜ハム・チーズ・卵＞
ハムポン酢 …………… 61
和風クリームチーズ …………… 65

簡単！絶品！
キャンプのつまみ料理

超速でおいしい缶詰レシピ！
焚き火で味わう丸ごと野菜！

2017年3月13日発行　初版第1刷発行

編　集　月刊ガルヴィ編集部
発行者　岩野 裕一
発　行　実業之日本社
　　　　〒153-0044　東京都目黒区大橋1-5-1 クロスエアタワー8階
電　話　03-6809-0492（編集）
　　　　03-6809-0495（販売）
ホームページ http://www.j-n.co.jp/

印刷・製本　大日本印刷株式会社

©Jitsugyo no Nihon Sha, Ltd. 2017
Printed in Japan
ISBN978-4-408-02614-5
（ガルヴィ）

写真／中里 慎一郎、瀧渡 尚樹、柳沢 かつ吉、編集部
撮影協力／パディントンベア・キャンプグラウンド　☎0555-30-4580

本書の一部あるいは全部を無断で複写・複製（コピー、スキャン、デジタル化等）・転載することは、法律で定められた場合を除き、禁じられています。
また、購入者以外の第三者による本書のいかなる電子複製も一切認められておりません。
落丁・乱丁（ページ順序の間違いや抜け落ち）の場合は、ご面倒でも購入された書店名を明記して、小社販売部あてにお送りください。送料小社負担
でお取り替えいたします。ただし、古書店等で購入したものについてはお取り替えできません。
定価はカバーに表示してあります。
小社のプライバシー・ポリシー（個人情報の取り扱い）は上記ホームページをご覧ください。